DERNIÈRES OBSERVATIONS

POUR LA

COMMUNE DE CALUIRE

LYON

IMPRIMERIE TYPOGRAPHIQUE BELLON

33, RUE DE LYON, 33

—

1875

DERNIÈRES OBSERVATIONS

POUR LA

COMMUNE DE CALUIRE

La commune de Caluire, la partie contribuable de la commune de Caluire, celle à laquelle le système légal de vote par section de commune avait toujours donné un conseil honnête et conservateur, celle que le système de vote par *scrutin de liste*, imposé sans droit par Challemel-Lacour, qui cherchait des instruments dociles a livré au Conseil municipal de 1870, celle qui, grevée d'une dette de 150,000 fr. en face d'un revenu de 100,000 fr., acquitte déjà 50 centimes additionnels, celle à laquelle on demande d'après le jugement plus de 250,000 fr., celle que les Frères proclament, néanmoins, absolument innocente des faits accomplis, en octobre 1870, cette partie de la commune de Caluire, représentée notamment par les 95 intervenants, supplie la Cour de l'entendre une dernière fois.

Elle défend son honneur et ses intérêts.

Elle s'associe d'abord sans réserve à toutes les protestations indignées, émues, éloquentes de l'éminent avocat des Frères.

Elle flétrit, comme elles le méritent, ces détestables excitations qui ont rendu possible les attentats du mois de septembre, ceux qui les ont provoqués, ceux qui les ont accomplis.

Elle flétrit ces attentats, dont l'avocat des Frères a dit : « *qu'ils avaient été engendrés dans une mesure notable par M. Challemel, qu'il en avait été le premier père, le père adoptif.* »

Dont il a dit que : « *si M. Challemel-Lacour n'avait pas ordonné et autorisé, rien ne se serait passé.* »

Mais quand la France tout entière, la partie honnête, contribuable de la France s'est inclinée devant les actes souvent monstrueux, illégaux du gouvernement de la Défense nationale, quand la Cour de cassation a sanctionné ses décrets, comment une pauvre commune serait-elle coupable de n'avoir pas pris les armes contre les actes d'un délégué de ce gouvernement et de ses agents, faisant à Lyon et à Caluire, quel que fût le mobile de ses actes, ce que Gambetta faisait et ordonnait de faire sur tant de points de notre malheureux pays !

Et si l'on songe que la question n'est pas de savoir si les Frères seront ou ne seront pas indemnisés, mais de savoir par qui ils le seront, pourquoi cet acharnement à ne pas demander à l'Etat, à la France entière qui a subi par patriotisme le gouvernement de la Défense et paie ses agissements, ce qu'on aime mieux demander à une commune, qui a fait ce qu'a fait la France, qui a subi M. Challemel-Lacour, le maire Vassel et le Conseil municipal.

Est-ce donc parce que la loi de vendémiaire permet de donner le double et le triple?

Est-ce bien le cas de le demander?

Est-ce bien une considération qui puisse influer sur le droit?

La commune va rapidement:

1° Résumer les faits, tels que l'adversaire les admet;

2° Résumer le système qu'il appuie sur les faits;

3° Opposer le texte et l'esprit de la loi de vendémiaire;

4° Montrer que les mêmes faits tels qu'ils ont été exposés et admis ils obligent sans contradiction possible la responsabilité de l'Etat.

I.

FAITS.

Oui, l'*Excommunié* a préparé l'explosion anti-religieuse dont Lyon a été le théâtre: oui, il a conduit aux Carmes, aux Minimes, aux Missions africaines, aux Jésuites, les bandes qui les ont envahies!

Oui, il est coupable des envahissements des premiers jours de la révolution de 1870.

Et la Ville qui s'est laissée empoisonner par ces doctrines a été justement déclarée responsable de ces envahissements des premiers jours, quand le pouvoir régularisé sorti de cette révolution n'avait point encore pris racine, ne pouvait pas encore se faire respecter.

Mais qu'est-ce que cela fait au procès !

Nous parlons des premiers jours du mois septembre. La loi de vendémiaire a été justement appliquée à ces premiers jours.

Mais est ce la faute de la malheureuse commune de Caluire si le Gouvernement constitué, a partagé ces détestables doctrines, si son représentant le plus élevé dans le département les a protégées, s'il a régularisé ces attentats.

Or l'adversaire a reconnu : 1° que le 27 septembre, il ne s'était encore passé rien à Caluire.

2° Qu'à cette date, à Lyon, tous les établissements religieux, ceux même qui portaient le titre de propriété communale, étaient régulièrement occupés par l'ordre du Préfet.

3° Que le 27 septembre, *a été exécuté ce projet de destruction des Frères de la Doctrine chrétienne*, médité par l'*Excommunié !*

Coincidence éclatante, s'écrie l'adversaire ! A Lyon, 33 écoles et elles étaient communales !

A Caluire, l'établissement des Frères !

Oui ! mais qui l'a fait à Lyon ! le Préfet, par l'intermédiaire des divers Maires de Lyon.

Que dirait la justice aux Frères, s'ils invoquaient la loi de vendémiaire, pour l'envahissement de leurs locaux, et la disparition des meubles modestes qui les garnissaient !

Peut-elle dire autre chose pour ce qui s'est passé à Caluire, lorsque les faits y ont été engendrés par le même Préfet, poursuivis dans le même but, exécutés par la force dont il était le commandant suprême à cette même date ?

Est-ce que cette circonstance, qu'à Lyon, les locaux étaient peu importants et qu'on n'avait pas besoin d'un prétexte pour les prendre ; à Caluire, très-importants et qu'il fallait le prétexte de la Défense nationale.

Est-ce que cette circonstance peut changer le droit ?

Constatons donc l'accord qui existe entre les Frères et la Commune au début ! Nous employons encore les propres expressions de l'avocat des Frères.

A Lyon et à Caluire, les Frères subissent le même traitement. Le Préfet décide la suppression immédiate de toutes les écoles. Le maire Vassel, applique cela à Caluire et décrète l'expulsion au nom de la Commune !

Oui : mais de qui était-il l'agent à Caluire ?

Peu nous importe maintenant qu'on n'ait voulu qu'assouvir des haines, que la Défense n'ait été qu'un prétexte, qu'il n'y ait point eu de réquisition régulière, qu'on ait employé des moyens qui ne rendait pas nécessaires une réquisition.

Il y a eu un but commun poursuivi à Lyon, à Caluire, par M. le Préfet du Rhône, délégué du Gouvernement, à un moment où le Gouvernement fonctionnait régulièrement, et le délégué du Gouvernement, a mis en mouvement pour atteindre ce but, la force armée régulière d'alors.

Ceci posé, l'adversaire groupe les faits en trois périodes :

PREMIÈRE PÉRIODE.

De 10 jours, du 28 septembre au 8 octobre.

Or, pendant cette période, voici les aveux importants que nous relevons :

1° L'envahissement a été accompli par 34 gardes nationaux et trois adjoints, ceints de leur écharpe, au milieu d'une population plus ou moins hostile, qui a regardé faire.

2° L'établissement a continué d'être habité par les Frères, gardés à vue.

3° Il n'y a point eu de dilapidation pendant cette période.

4° Les gardes nationaux ont cependant consommé des provisions considérables.

5° Quand on a été menacé d'une résistance de leur part, on a requis la force armée de Lyon. et c'est le chef d'état-major de la garde nationale sous les ordres du Préfet, commissaire extraordinaire qui a fait la réquisition.

6° Cette occupation a été précédée d'une délibération du 28 septembre, vue et approuvée à la même date par le Préfet.

8° Quand le 3 octobre le Frère-Directeur a écrit à Vassel pour indiquer l'impossibilité où il était de nourrir les hommes du poste, Vassel a répondu « *Qu'il ne lui appartenait pas de revenir sur les ordres donnés. D'après les communications qui lui ont été faites, les vieillards resteront jusqu'à ce que l'Autorité supérieure ait trouvé une autre retraite convenable pour lés placer.*

D'ailleurs la maison a été mise à la disposition du Comité de défense nationale.»

Voir page 17, *Petit mémoire bleu des adversaires.*

Or, de quelles communications parle Vassel? de celles du Préfet.

De quelles ordres de l'Autorité supérieure? de ceux du Préfet.

Et s'il est vrai que la Défense nationale n'ait pas été saisie de l'établissement, est-ce la faute de Vassel ou du Préfet?

9. Vassel ne mentait pas en invquant ces communications et ces ordres.

Quand le 6 octobre de nouvelles mesures sont prises pour faire évacuer l'établissement, l'arrêté du Maire disant: « *Ordre de conduire les dix ou douze vieillards qui s'y trouvent, soit à la Charité, soit aux Antiquailles.»*

Challemel ajoute en interligne de sa main :

« *Aux frais de la commune.* »

Et au bas il met une approbation toute de sa main.

10° Le 10 octobre Challemel régularise l'entrée des vieillards et des infirmes à l'hospice par une lettre adressée à l'administration hospitalière.

11° Denis Brack est nommé avec l'agrément du Préfet qui, un peu plus loin, va agréer Rivière et déclare qu'il a chargé Vassel de prendre toutes les mesures conservatoires.

12° Enfin, pendant cette même période, un inventaire est ordonné.

N'oublions pas de citer cet autre aveu de l'avocat des Frères.

« *Il ne faut pas oublier que l'expulsion était connue de Challemel.* »

Voilà les faits exposés par l'adversaire lui-même.

Un seul a été omis : il le nie. Nous en offrons la preuve : dès le 18, des billets de logement ont été délivrés dans l'établissement des Frères.

Comment notre éminent adversaire n'a-t-il pas vu, qu'entraîné par la pensée de ne pas lâcher Challemel-Lacour, de ne pas lâcher Vassel, de ne pas lâcher le Conseil municipal, entraîné aussi, il faut le dire, par la vérité des faits et par son implacable loyauté *il a tué son procès contre la Commune.*

Il ne fallait pas être l'avocat *contre les quatre*, car les thèses se combattent.

Ah ! il y a eu un but commun de destruction des Frères ! Ce but a été poursuivi, à Lyon et à Caluire, le même jour. Etrange coïncidence ! à Lyon, par Challemel-Lacour, se servant des agents que la loi lui donne !

Mais, alors, à Caluire aussi !

Voilà pourquoi Challemel-Lacour donne l'ordre le 28, fait exécuter, le 1er, par la force armée, régularise et règlemente le 6 et le 10.

Voilà pourquoi il y a de l'ordre dans cette chose illégale !

Voilà pourquoi la foule a respecté.

C'est qu'il s'agissait d'une exécution par la force régulière !

Oui, je vois bien que l'adversaire décrète lui-même la condamnation de Challemel, de Vassel, des autres.

Mais par cela même, lui-même absout la Commune.

Qu'est-ce que la loi de vendémiaire vient faire là-dedans cette loi, arme de la Convention contre la Commune insurrectionnelle de Paris ?

C'est la Convention qui agit à Caluire ! Respect à la Convention, sous peine d'être rebelle.

Que nous importe, dès lors, les irrégularités commises ! Que ce n'ait pas été une vraie réquisition, que l'expulsion ait précédé ou suivi, que la garde nationale ne puisse être requise pour un tel service, que cela soit attentatoire au droit, que la délibération du 27 soit illégale, que les passions injustifiables de Vassel et consorts s'y soient fait jour, que le Préfet ait coloré ses attentats du prétexte de la Défense nationale, que le Comité ait été ou non avisé, que des gardes nationaux aient parlé de lotissement, que l'établissement ait été ou non utilisé, que la loi, les principes, le droit, les formes habituelles aient été violées.

En vérité, Gambetta, et ceux qui ont gouverné avec lui, ont-ils été si scrupuleux sur le choix des moyens ?

Attentats aux droits, illégalités, lois violées : peccadilles pour eux. Et la France a accepté tout cela ;

Et une pauvre commune aurait dû résister.

Nous le répétons : l'adversaire a tué son procès avec la Commune par l'exposé seul des faits de la première période.

Il l'a tué parce que l'exposé de ces faits sincère, loyal, condamne Vassel, l'Etat, dont ils ont été les agents, mais absout la Commune.

Y pense-t-on ! pendant dix jours, pas une dilapidation ; tout se passe régulièrement. Que fait-on des conditions de la loi ?

DEUXIÈME PÉRIODE

Onze journées, dit l'adversaire ! (*Grande tempus* pendant lequel les attentats se consomment et les dilapidations se poursuivent jusqu'à *ce que les grandes eaux des guérillas viennent tout couvrir et tout laver.*)

Reprenons l'exposé des faits de l'adversaire.

1° Des groupes de deux ou trois personnes pénètrent dans la maison pour venir jouir de la propriété communale : 21,000 fr. disparaissent immédiatement, ou plutôt des objets représentant 21,000 fr.

Simple allégation dont nous défions les adversaires d'apporter la preuve.

Et, à notre tour, nous apportons, pièces en mains, la preuve de ce qui s'est passé.

Ce serait étrange qu'une occupation violente, tumultueuse, par attroupements ou rassemblements n'ait rien produit pendant les huit premiers jours de la Commune, aux termes de la loi de vendémiaire, et que les attentats n'aient commencé que pendant la deuxième période.

Le 9 novembre, délibération : on rappelle que tout s'est passé par l'ordre du Préfet.

Qu'un Commissaire-priseur, envoyé par le Préfet, dressera un inventaire. On promet qu'une vente aux enchères aura lieu. On déclare *qu'il faut sauvegarder la responsabilité de la Commune.*

Voyons, était-ce au point de vue de la loi de vendémiaire?

16 octobre, nouvelle délibération.

Même préoccupation de sauvegarder la responsabilité de la Commune, même affirmation que tout s'est passé par l'ordre du Préfet, et que, par conséquent, c'est à lui à prendre l'initiative de la vente et à l'ordonner.

Mais, chose grave ! elle constate (et elle n'était pas faite pour les besoins du procès) qu'à cette date du 16 la Défense nationale a déjà pris possession de l'établissement, *qu'un corps considérable y est déjà caserné.*

Ce corps y est arrivé *le* 14.

A côté de ces actes officiels, il est constaté que Denis Brack a vendu certains objets, qu'il en a donné, et trois procès-verbaux des 13 et 14 octobre constatent que les gardes nationaux savaient encore faire leur devoir : ils arrêtent ceux qui emportent des objets, et à cette date ceux qui sont arrêtés répondent que Denis Brack leur a donné les objets.

Le procès-verbal de l'huissier Borgat atteste que le 14 Denis Brack a reconnu avoir vendu un grand nombre d'objets.

En vérité, à qui fait-on le procès!

A Challemel, à Vassel, au Conseil, à Denis Brack, le conservateur de l'Etablissement.

Soit : C'est Challemel qui a voulu, dans le but indiqué par les adversaires, occuper l'Etablissement, chasser les Frères, en colorant cela du prétexte de la défense.

Il est responsable de ses agents, Vassel, le Conseil, Denis Brack : lui-même est responsable vis-à-vis de l'Etat.

Lui-même a coloré cela du prétexte indiqué : il fait de l'Etablissement un casernement, — qui, donc au point de vue du casernement, est un agent de l'Etat, sinon le Maire, le Conseil municipal.

Mais où est la responsabilité de la commune !

Comment ! ses gardes nationaux font la police, arrêtent ceux qui enlèvent.

Si Denis Brack avait été un honnête homme, s'il n'avait pas rendu inutiles les précautions de scellés, d'inventaire, si Challemel avait eu des agents qui n'eussent pas dilapidé, y aurait-il eu procès !

Qu'est-ce que la commune a à faire là-dedans. Nous verrons plus tard si elle a protesté, si elle a essayé d'empêcher le mal dans la mesure de ses forces.

Donc, pendant cette deuxième période, l'Etat utilise l'Etablissement dès le 14 : Challemel continue à affirmer que l'occupation a eu lieu en son nom.

Et cette occupation continue à revêtir toutes apparences de la régularité.

TROISIÈME PÉRIODE.

A partir du 14, suivant nous, à partir du 19, suivant les adversaires, jusqu'à la reprise de possession par les Frères.

Cette date du 14 est fixée par la délibération du 16 : il ne s'agissait pas de créer une pièce pour un procès : on n'invente pas qu'un corps de troupes considérable était logé.

Donc il était réellement logé.

Pendant cette période, pas de désaccord possible avec les adversaires sur les faits ; car ils sont constatés par des actes signés par le Préfet, et dans ces actes va revendiquer hautement la responsabilité des actes de la 2e période.

Que la Cour relise les pièces !

Le 9 et le 16, Vassel a déclaré que tout s'est fait sur l'ordre du Préfet, qu'un inventaire sera dressé pour sauvegarder la responsabilité de la commune ; vis-à-vis de qui ? Du Préfet, sur l'ordre duquel on a occupé ; qu'il appartient au Préfet de prendre l'initiative de la vente et de toutes les mesures nécessaires.

Or, le Préfet après avoir laissé sans réponse la protestation des Frères *par lettre et par acte extra-judicaires*, ordonne la vente au mépris d'une ordonnance de référé, nomme Rivière en remplacement de Denis Brack, fait porter à l'Hôtel-de-Ville les vases sacrés, dispose du produit de la vente, ordonne la levée des scellés sur la lingerie, agrée Rivière.

(Pièces signées de lui et arrêtées émanant de lui, 16 octobre, 19, 29, 30 décembre).

Quand l'établissement ne peut plus servir de casernement, il le met à la disposition du génie pour en faire un hôpital.

Et quand la guerre est terminée, par deux lettre signées de son successeur ou du secrétaire général, il ordonne la remise aux Frères de leur établissement *qui avait été requis pour les besoins de la Défense nationale.* — Lettre du 19 avril.

Et si un temps s'écoule avant la remise, c'est que la municipalité de Caluire eût voulu rester étrangère à ces faits, et tâcher, en laissant tout à la charge du Préfet, de décharger sa responsabilité personnelle : mais de la responsabilité de la commune il n'était pas question.

Qu'importe dès-lors, au point de vue de la commune, que Denis Brack ait été mis en demeure de déclarer la disparition de nombreux objets.

C'était affaire entre lui et Rivière, c'était une précaution prise contre Denis Brack.

Mais encore une fois, en quoi cela concerne-t-il la commune, au point de vue de la loi de vendémiaire.

Résumons :

But poursuivi le 27 septembre, à Lyon et à Caluire.

But poursuivi par le Préfet, se servant des agents que la loi lui donne depuis le 27 septembre jusqu'au jour où il restitue l'établissement *requis pour les besoins de l'Etat.*

Pas de dilapidations pendant les dix premiers jours.

Régularité absolue de toutes les mesures d'occupation, en tant que le point de départ sera admis.

Objets nombreux consommés pendant la première période.

Objets disparus pendant la 2e période, soit parce que Denis Brak en a donné ou détourné, ou aidé à détourner une grande partie, soit parce qu'à l'occasion de l'enlèvement des objets vendus aux enchères, un grand nombre d'autres ont pu être soustraits sans avoir été soumis aux enchères, la consigne donnée de ne laisser rien sortir ayant été levée. (Voir Rapports.)

Objets disparus pendant la 3e période, immeubles dégradés, occupation des guérillas de toute nature.

Encore une fois l'éminent avocat des Frères a admirablement plaidé contre Challemel, Vassel, le Conseil, Denis Brak.

Mais contre la commune, responsable en vertu de la loi de vendémiaire, en vertu de la procédure de cette loi, devant être condamnée à payer dans les 24 jours, sur procès-verbaux, dressés par les autorités.

En vérité est-ce sérieux, quand surtout les autorités chargées de poursuivre sont celles qui, par elles ou leurs agents ont commis les faits.

(Voir loi , Titre IV.)

§ II.

Et cependant quel est le système des adversaires contre la commune ! non point engagée, ne l'oublions pas, en vertu de l'art. 1,384 ou des principes du mandat (on a fait justice de ces deux moyens), mais engagée en vertu de la loi de vendémiaire.

Oui, Challemel-Lacour a tout connu, tout voulu, tout approuvé.

Mais en fait, c'est la commune qui a pris possession : elle l'a gardée, même pendant l'occupation des troupes. Donc elle est responsable.

Car tous ces actes sont des attentats.

Elle n'a point entendu être l'instrument du Préfet, réquisitionnant par son intermédiaire.

Elle a entendu confisquer la propriété pour elle, elle l'a occupée pour elle, elle l'a déclarée propriété communale.

Donc elle répond de tout.

Il y a une confusion, une équivoque.

Ce n'est pas la commune qui a fait tout cela, c'est le Maire, le Conseil, qui ne peuvent engager la commune que du chef de la loi de vendémiaire.

Or, est-ce que cette pensée grotesque du Maire et du Conseil ont été pour quelque chose dans les faits? est-ce que c'est cela qui a causé un préjudice? Est-ce que les Frères ont réellement perdu leur propriété.

Est-ce que Challemel ne poursuivait pas un but, suivant nos adversaires? Tuer les Frères, en tant que corps enseignant? Est-ce qu'il ne l'a pas appliqué à Caluire et à Lyon? Est-ce qu'il n'a pas voulu l'occupation de laquelle les dommages sont résultés? Est-ce qu'il ne s'est pas servi de ses agents? Est-ce que l'établissement n'a pas été employé au casernement.

Qu'il ait été un détestable fonctionnaire, qu'il ait trahi la confiance du Gouvernement. (En réalité, il a imité son exemple!) qu'il ait permis aux haines de s'assouvir, qu'aveuglé par ces haines, il ait choisi de détestables auxiliaires, il a engagé sa responsabilité, celle de l'Etat.

Mais que pouvait faire la commune? C'est-à-dire la masse des habitants honnêtes!

§ III

Nous arrivons ainsi à la loi de vendémiaire.

Qu'on rapproche le texte des faits exposés par les adversaires !

Son application est soumise à trois conditions :

1° Elle exige que les citoyens aient manqué à un devoir d'association mutuelle en ne venant pas en aide au pouvoir central, attaqué sur quelque point de la France par des bandes tumultueuses, avec ou sans la participation des autorités locales.

Elle eût été applicable à ce premier point de vue.

A la Commune de Lyon, à la ligne du Midi, se séparant du pouvoir central.

Mais à Caluire ! à quel devoir d'association mutuelle a-t-on manqué ?

Le Préfet était-il le représentant du pouvoir central ?

Avait-il en main pleins pouvoirs ?

Eût-il su les faire respecter ?

A-t-il montré qu'il le pouvait et voulait ?

A-t-il ordonné tout ce qui s'est passé à Caluire?

A-t-il, non pas pour les besoins du procès, mais à la première heure, pris la responsabilité de ce qui s'est passé?

Si des habitants eussent résisté, les eût-ils brisés!

S'ils eussent fait appel au pouvoir central, en lui disant : nous faisons la police, en attendant que vous veniez, serait-il venu?

Gambetta aurait-il donné raison à Challemel-Lacour?

Y avait-il communion d'idées entre Gambetta, Challemel, Vassel, le Conseil, sinon sur le terrain radical de l'expropriation au profit de la Commune, mais sur le terrain de l'occupation à Lyon comme à Caluire de tous les établissements des Frères?

Contre qui les forces de Lyon se seraient-elles tournées s'il y avait eu résistance?

Contre ceux qui occupaient l'Etablissement des Frères? ou contre ceux qui résistaient.

Poser toutes ces questions, c'est les résoudre.

DEUXIÈME CARACTÈRE.

La loi de vendémiaire suppose, pour engager la responsabilité, des attentats, des crimes, des délits, commis par des attroupements, des rassemblements tumultueux.

Nous supplions la Cour de méditer cet argument.

Dans l'espèce, les rassemblements ou attroupements se sont composés de l'aveu des adversaires, de trente-quatre personnes se renouvelant quotidiennement, et de trois adjoints munis de leur écharpe.

Où sont les attentats, les crimes, les délits?

Où sont les coupables que la justice va saisir.

Les trente-quatre gardes nationaux.

Nous défions qu'on ose le soutenir?

Et cependant ils commettaient un acte illégal, au point de vue du droit.

Les trois adjoints!

Pas davantage, en tant qu'adjoints exécutant une délibération sanctionnée par le Préfet.

Ils pourront être poursuivis, si on établit, qu'ensuite, ils ont commis des vols ou ont été complices.

Mais pour le fait d'avoir occupé, revêtu de leur écharpe, en vertu d'un ordre du Préfet! Jamais.

Pourquoi cette immunité?

Parce qu'ils sont tous couverts par un ordre de l'autorité supérieure.

Leur responsabilité civile pourra être engagée. Challemel-Lacour l'a prouvé dans l'affaire Haas.

Mais pénale, jamais.

Dans le deuxième caractère de la loi manque : et il est indispensable.

TROISIÈME CARACTÈRE.

La loi exonère les communes quand elles ont fait ce qu'elles ont pu pour empêcher le mal. — Voir application dans la loi à propos des ponts et routes coupés.

Donc il faut que la Commune, pouvant l'empêcher, ne l'ait pas fait.

Nous faisons appel à la conscience de tous !

Les habitants de Caluire auraient-ils pu empêcher ?

C'est une pénalité écrite : il y a une amende, il y a le double et le triple ; il faut une responsabilité, et une responsabilité suppose une faute.

Qu'ont-ils fait ?

Que pouvaient-ils faire de plus ?

Qu'ont-ils fait ?

Le frère Paulin Marie a protesté par lettre, par acte extra-judiciaire.

Il a été expulsé.

M. Joannon, le maire actuel, un certain nombre d'habitants se sont rendus deux fois à la préfecture, deux fois ils ont été mis à la porte.

Dans la délibération du 16, un certain nombre de conseillers ont protesté, on a passé outre.

Le garde champêtre a protesté, il a été révoqué.

Le percepteur a donné sa démission.

Enfin est survenu la suprême protestation, celle de la justice : une ordonnance a défendu de vendre.

Challemel-Lacour a répondu : Vendez.

Que pouvait-on faire de plus ?

Il restait à prendre les armes !

A quel moment ?

Pendant les huit premiers jours, la première période ; pas une dilapidation.

C'était une occupation militaire, colorée si on veut, par le prétexte que nous savons, mais avec un fonctionnement régulier, les troupes se relevant toutes les 24 heures.

Fallait-il engager une lutte et reprendre l'établissement de vive force ?

Sur le refus du frère supérieur, la garde nationale a reçu l'ordre de marcher.

Il ne faut pas reculer devant les responsabilités. Pendant cette période les adversaires eussent-ils conseillé de prendre les armes.

Pendant la deuxième, l'occupation a été la même.

Seulement, des détournements ont été subrepticement commis par des fonctionnaires indignes qui les ont commis ou laissé commettre.

Fallait-il marcher en armes contre l'occupation ?

Le garde nationale a dressé des procès-verbeaux : elle a fait ce qu'elle a pu.

Pendant la troisième période, l'occupation s'était transformée : c'étaient des troupes.

Donc le troisième caractère de la loi manque.

Donc elle est inapplicable.

§ IV.

Que reste-t-il !

L'Etat ! l'Etat, la France qui a accepté Gambetta et ses agents, que la Cour de cassation a soumis aux décrets émanés d'eux, qui par le décret de septembre 1871, a pris à sa charge tout ce qui a été fait sous le prétexte de la Défense nationale.

Quel malheur que nous n'entendions pas l'éminent avocat des Frères soutenir cette thèse.

Il nous montrerait le but poursuivi par Challemel-Lacour à Lyon, à Caluire.

A Lyon, s'emparant des petits locaux, ne suscitant pas de réclamations: *de minimis non curat pretor.*

A Caluire, s'attaquant au gros morceau.

Se servant d'un Conseil organisé par lui, approuvant les délibérations, les annotant de sa main, requérant pour la défense, prenant les mesures nécessaires, disposant, vendant, employant les deniers.

Et à la fin, apparaîtrait cette lettre, dans laquelle *on remet l'établissement requis au nom de l'Etat.*

Et il s'écrierait avec raison : Tant pis pour le Gouvernement qui a choisi des agents indignes : ou plutôt ils n'étaient pas indignes de lui : car ils étaient en parfaite communion d'idées.

Le Gouvernement de la Défense, Challemel, Vassel, le Conseil, chaîne non interrompue, conduisant la responsabilité jusqu'où elle doit remonter !

Là, est en effet la vérité de ce procès.

C'est pour l'avoir méconnue que notre éminent adversaire a, dans la moitié de sa plaidoirie absous la commune, toutes les fois qu'il a été entraîné à attaquer Challemel et Vassel, qu'il ne veut pas lâcher !

Il faut savoir choisir !.

Il ne faut pas que le droit soit victime d'une question de compétence, ou de dispositions d'une loi qui accorde le double?

CONCLUSIONS

La Cour renverra la commune.

Sa responsabilité n'est pas engagée. Il n'y a pas eu d'attentats dans les faits même qui seuls pourraient engager cette responsabilité, il n'y a pas eu les bandes tumultueuses qu'elle exige.

La commune a fait d'ailleurs ce qu'elle a pu pour empêcher le mal.

Ose-t-on lui demander d'avoir dû prendre les armes contre le Préfet de Lyon.

Contre la force armée de Lyon?

De pareilles doctrines ne présentent-elles pas un immense danger et l'immense honneur de la France n'a-t-il pas été, en face de l'ennemi, d'accepter tout ce qui est émané du gouvernement de la Défense nationale et de courber, par patriotisme, la tête devant lui, sauf à lui demander compte après.

La Cour voudra bien prendre connaissance des faits articulés par nous en preuve. S'il y a doute pour elle, nous la supplions d'ordonner l'enquête. C'est une question de justice. Pour appliquer une loi comme celle de vendémiaire, il faut que la conscience des magistrats ne recule devant aucune investigation.

Me MORIN, *avocat.*

Me MUNIER, *avoué.*

Lyon.— Imp. du Salut Public.—Bellon, r. de Lyon, 33.

www.ingramcontent.com/pod-product-compliance
Lightning Source LLC
LaVergne TN
LVHW010249230826
846091LV00007B/2883

9782011760654